Grandes Découvertes I numéro 4

MAGELLAN
ET LE PREMIER TOUR DU MONDE
—— Un projet fou à l'issue tragique

par Romain Parmentier

50MINUTES

Avec la collaboration d'Antoine Baudry

FERNAND DE MAGELLAN

- **Naissance ?** Vers 1480 à Sabrosa ou à Porto (royaume du Portugal)
- **Mort ?** Le 27 avril 1521 sur l'île de Mactan (Philippines)
- **But de l'expédition ?** Atteindre les Moluques (archipel situé dans l'Est de l'Indonésie) par l'ouest
- **Régions du monde explorées ?**
  - L'embouchure du río de la Plata
  - Le détroit de Magellan
  - L'océan Pacifique
  - Les îles Mariannes
  - Les Philippines
  - Les Moluques
- **Découvertes notoires ?** Le fait que la Terre est bel et bien ronde, et le détroit de Magellan

Le 20 septembre 1519, 265 hommes menés par le navigateur et explorateur Fernand de Magellan entament un voyage qui va révolutionner notre perception du monde. En un peu moins de trois ans, ils effectuent le premier tour du monde.

Mais le but réel de l'expédition est avant tout d'ordre commercial. Il s'agit d'atteindre les îles de la mer des Moluques en Extrême-Orient, reconnues pour leur importante production d'épices. Véritable source de richesse à l'époque moderne, ces produits sont très prisés en Europe et apportent prospérité à ceux qui en font le commerce. Fort de plusieurs expériences en mer, Fernand de Magellan entend bien atteindre ces îles et formule l'idée d'ouvrir une nouvelle route maritime par l'ouest en contournant l'Amérique.

Le voyage est semé d'embûches. Les tempêtes en mer, les faux espoirs, les calculs erronés, les maladies, la famine, les rébellions, tout se dresse devant Fernand de Magellan. Mais le navigateur tient bon et poursuit son exploration. Durant son périple, il découvre un détroit inconnu en contournant l'Amérique, réussit à traverser l'immense océan Pacifique et finit par atteindre l'Extrême-Orient par l'ouest. En revenant en Espagne, son expédition confirme une fois pour toutes la sphéricité de la Terre et bouleverse les savoirs de la géographie, offrant au monde de nouvelles perspectives.

BIOGRAPHIE

PREMIÈRES EXPÉRIENCES EN MER

Fernand de Magellan (ou Fernão de Magalhães) est un navigateur et explorateur à l'origine de la première circumnavigation de la Terre. Issu d'une famille de la petite noblesse portugaise, il naît aux environs de 1480 dans le Nord du Portugal, à Sabrosa ou à Porto. Adulte, il décide de s'engager dans la marine. Le jeune homme acquiert rapidement de l'expérience en mer. En 1505, il participe à l'expédition de Francisco de Almeida (amiral et vice-roi portugais aux Indes, vers 1450-1510), qui lui permet de se familiariser avec la route des Indes et les dangers des voyages.

Malgré quelques accidents et blessures, son goût pour l'aventure n'en est cependant pas altéré. En 1509 et en 1511, il est à Malacca (Malaisie) où il achète un esclave, Henrique (né vers 1495). Peu de temps après, il entre sous les ordres d'Alphonse d'Albuquerque (vice-roi des Indes, 1453-1515) et participe, pour le compte du Portugal, à l'expédition qui doit soumettre Malacca pour ensuite atteindre les Moluques. Si Magellan ne va pas jusqu'aux Moluques, son plus proche ami, Francisco Serrao (mort en 1521), poursuit quant à lui le voyage et y parvient. Une fois installé là-bas, ce dernier envoie des lettres à Magellan pour lui décrire les richesses dont regorge l'archipel, telles que les épices. Cette correspondance nourrit le grand dessein du navigateur.

Durant l'été 1513, Fernand de Magellan sert à nouveau le Portugal dans une expédition contre les Maures au Maroc. Mais, blessé au genou et désormais boiteux à vie, il quitte les rangs sans permission et est accusé de malversation. Bien qu'absous par le roi Manuel Ier (1469-1521), le navigateur est rejeté de la cour. Il se retire alors sur ses terres et élabore à la manière de Christophe Colomb (navigateur génois, 1450/1451-1506) le projet qui le rendra célèbre : atteindre les Moluques par l'ouest en contournant l'Amérique et réaliser ainsi le premier tour du monde.

UN VOYAGE DONT IL NE SORTIRA PAS INDEMNE

À bien des égards, l'histoire de Fernand de Magellan se confond avec celle du découvreur du Nouveau Monde. À l'instar de Christophe Colomb, il se rend à la cour du roi du Portugal pour obtenir le financement de son expédition. Comme jadis, le roi refuse. Fernand de Magellan se tourne alors vers l'Espagne. Pour mettre toutes les chances de son côté, le navigateur approfondit ses connaissances, étudie la géographie et assimile les découvertes réalisées ces dernières années.

En octobre 1517, il est à Séville. Après un premier refus, l'Espagne finit tout de même par voir dans le projet de Magellan une occasion de s'enrichir. Le 22 mars 1518, le jeune roi Charles Ier, futur Charles Quint (1500-1558), qui juge l'entreprise fort intéressante, lui donne son accord.

À près de 40 ans, Fernand de Magellan quitte ainsi Sanlúcar le 20 septembre 1519 avec cinq navires. Mais le voyage est semé d'embûches et seul un bateau reviendra. Après une longue traversée de l'Atlantique, l'explorateur arrive à Rio de Janeiro le 13 décembre. Un mois plus tard, il atteint l'embouchure du río de la Plata, mais n'a pas encore trouvé le passage tant attendu vers l'autre océan. Fernand de Magellan doit attendre le 21 octobre 1520 pour atteindre le détroit – auquel il donnera son nom – qui le mène dans l'océan Pacifique. Mais, peu à peu, l'excitation de la découverte laisse place à l'ennui. La traversée de l'océan est en effet interminable.

Ce n'est qu'en mars 1521 qu'ils atteignent les Philippines. Cette destination sera la dernière de Fernand de Magellan qui, impliqué dans des luttes indigènes, est tué le 27 avril 1521, sans avoir pu gagner les Moluques. Un second lui succède et accomplit la mission. Avec un navire et un équipage réduit à 18 membres, ce dernier réalise le premier tour du monde en rejoignant Sanlúcar le 6 septembre 1521.

CONTEXTE POLITIQUE, SOCIAL ET ÉCONOMIQUE

À L'ORIGINE DES GRANDES DÉCOUVERTES : LES ÉPICES ET L'OR

À la fin du XVe et au début du XVIe siècle, l'Europe se lance dans l'exploration du monde. Les raisons qui la poussent dans cette aventure sont principalement d'ordre économique : le contrôle du commerce des épices, l'une des denrées les plus rares qui existent pour les Européens. Du fait de cette rareté et surtout de la difficulté à s'en procurer, les épices ont acquis une valeur marchande considérable, dépassant même parfois celle de l'or.

Tout au long du Moyen Âge, le commerce des épices provenant du Moyen-Orient est aux mains des cités italiennes, à l'instar de Gênes ou de Venise. Ces dernières achètent les produits provenant d'Asie et les revendent ensuite dans toute l'Europe. Mais au XVe siècle, la situation se modifie brutalement. En expansion depuis plusieurs siècles, les Ottomans finissent par conquérir la ville de Constantinople et mettent un terme à l'Empire byzantin, en 1453. Cet événement n'est pas anodin. Constantinople est en effet depuis longtemps une passerelle importante entre l'Orient et l'Occident. Sa conquête engendre une fermeture partielle des routes commerciales avec l'Asie. Le commerce des épices doit désormais compter avec l'intermédiaire ottoman, ce qui engendre un accroissement des taxes.

En outre, l'Europe est également confrontée à une diminution sensible de ses réserves en or et en argent. Les gisements du continent ne sont plus productifs et leurs réserves ne suffisent plus à alimenter une économie en pleine croissance, depuis l'apparition d'une bourgeoisie urbaine entreprenante. Plus contraignant encore, l'or et l'argent quittent progressivement l'Europe pour l'Orient dans l'achat des denrées luxueuses tant convoitées par les Européens. Ces derniers doivent donc impérativement trouver de nouvelles sources pour ces métaux sous peine de voir leur économie étouffer complètement.

Face à ces difficultés commerciales et économiques, les pays de la péninsule ibérique (le Portugal et l'Espagne) émettent l'idée d'éviter l'intermédiaire ottoman en rejoignant directement les contrées productrices d'épices, et de trouver de nouveaux approvisionnements en or. Les Portugais sont les premiers à se lancer dans l'aventure. Progressivement, les côtes de l'Afrique sont explorées et, en 1488, le navigateur Bartolomeu Dias (vers 1450-1500) franchit le cap de Bonne-Espérance. Pendant ce temps, en Espagne, un homme s'apprête à révolutionner la conception même que l'on a du monde.

CHRISTOPHE COLOMB, VASCO DE GAMA ET LE PARTAGE DU MONDE

Le 3 août 1492, un navigateur ambitieux quitte les côtes espagnoles avec trois caravelles dans l'idée de trouver une nouvelle route maritime vers les Indes : cet homme n'est autre que Christophe Colomb. Celui-ci s'apprête à traverser l'Atlantique, ce qu'aucun n'a encore fait, dans l'unique but d'atteindre l'Asie et ses richesses par l'ouest. Le 12 octobre, il découvre une terre nouvelle, mais n'aura jamais conscience de l'incroyable vérité qui entoure sa découverte. Ce n'est pas le Japon, la Chine ou l'Inde qu'il atteint en octobre, mais un nouveau continent : l'Amérique. Cette découverte une fois assimilée par les explorateurs révolutionne la géographie et les connaissances du monde. Elle ouvre surtout une route maritime vers l'ouest et amène de nombreuses richesses dans l'escarcelle espagnole.

De son côté, le Portugal poursuit son exploration par l'est en contournant l'Afrique. À l'heure où Christophe Colomb découvre le Nouveau Monde, aucun Européen n'a encore trouvé l'Inde. En 1497, le roi du Portugal lance une nouvelle expédition et la confie à Vasco de Gama (navigateur portugais, 1460-1524). Longeant l'Afrique, le navigateur passe le cap de Bonne-Espérance, remonte ensuite la côte puis se lance vers l'est. Le 21 mai 1498, il atteint la ville de Calicut en Inde. La route des épices est enfin ouverte. Durant les années qui suivent, les Portugais établissent des comptoirs de commerce et prennent pleinement possession des routes maritimes de l'Asie du Sud au détriment des Arabes et des autochtones. Avec la conquête de Malacca en 1511 par Alphonse d'Albuquerque et la découverte des Moluques productrices d'épices, le Portugal domine le négoce des produits orientaux.

Les découvertes effectuées tant par le Portugal que l'Espagne engendrent une véritable rivalité commerciale et politique entre les deux pays. Chacun veut agrandir son territoire et assurer sa prospérité économique. Parti en avance, le Portugal est rattrapé par l'Espagne avec la découverte du Nouveau Monde. Cette dernière entend bien préserver ses nouvelles acquisitions et s'en remet à la seule véritable autorité internationale de l'époque : le pape. Ce dernier décide alors de partager le monde et les découvertes à venir entre l'Espagne et le Portugal. En 1494, les deux pays signent le traité de Tordesillas qui trace une ligne de démarcation et attribue à l'Espagne toutes les terres à 370 lieues à l'ouest des îles du Cap-Vert. Tout ce qui se trouve à l'est appartient donc au Portugal.

ATTEINDRE LES MOLUQUES PAR L'OUEST

Fasciné par les héros de sa jeunesse que sont Christophe Colomb et Vasco de Gama, Fernand de Magellan souhaite lui aussi entrer dans l'histoire. On le sait désormais, les Moluques sont la source des épices. Fernand de Magellan imagine alors pouvoir atteindre ces îles le plus rapidement possible en ouvrant une nouvelle route maritime. Au Portugal, il fait la connaissance de Rui Faleiro, un cosmographe. Ensemble, ils étudient les textes des géographes antiques, les dernières découvertes et les cartes géographiques.

À l'époque, beaucoup estiment la circonférence de la Terre à 30 000 kilomètres. Fernand de Magellan en est lui aussi convaincu. Par conséquent, il considère que la route la plus rapide pour atteindre les Moluques est l'ouest. Une fois passée l'Amérique dont les limites ne sont pas encore vraiment définies, les Moluques ne devraient être qu'à quelques jours de navigation. Or la circonférence de la Terre est de 40 000 kilomètres. Cette erreur de calcul confrontera Fernand de Magellan à l'immensité du Pacifique.

L'explorateur se nourrit également des découvertes récentes, telles que l'isthme de Panamá que Christophe Colomb a atteint lors de son quatrième voyage. Depuis cette trouvaille, bon nombre de navigateurs et de géographes sont convaincus qu'il existe un passage reliant l'Atlantique à l'Orient beaucoup plus au sud. À l'instar de Bartolomeu Dias avec l'Afrique, Fernand de Magellan est persuadé de pouvoir contourner l'Amérique par le sud. La question est alors de savoir jusqu'où il faut descendre. À nouveau, l'explorateur tire des conclusions des voyages récents, comme celui d'Amerigo Vespucci (1454-1512) qui, en arrivant jusqu'au río de la Plata, pense qu'il s'agit là du passage d'un océan à un autre. Mais cette idée reçue ne mènera à rien.

Quoi qu'il en soit, Fernand de Magellan a désormais son projet. Refusé par le roi du Portugal, il bénéficie par contre de toute l'attention de l'Espagne, dont la zone d'influence est à l'ouest. La réussite d'une telle entreprise augmenterait indéniablement la richesse de l'empire. Charles Ier donne donc son feu vert.

L'EXPÉDITION

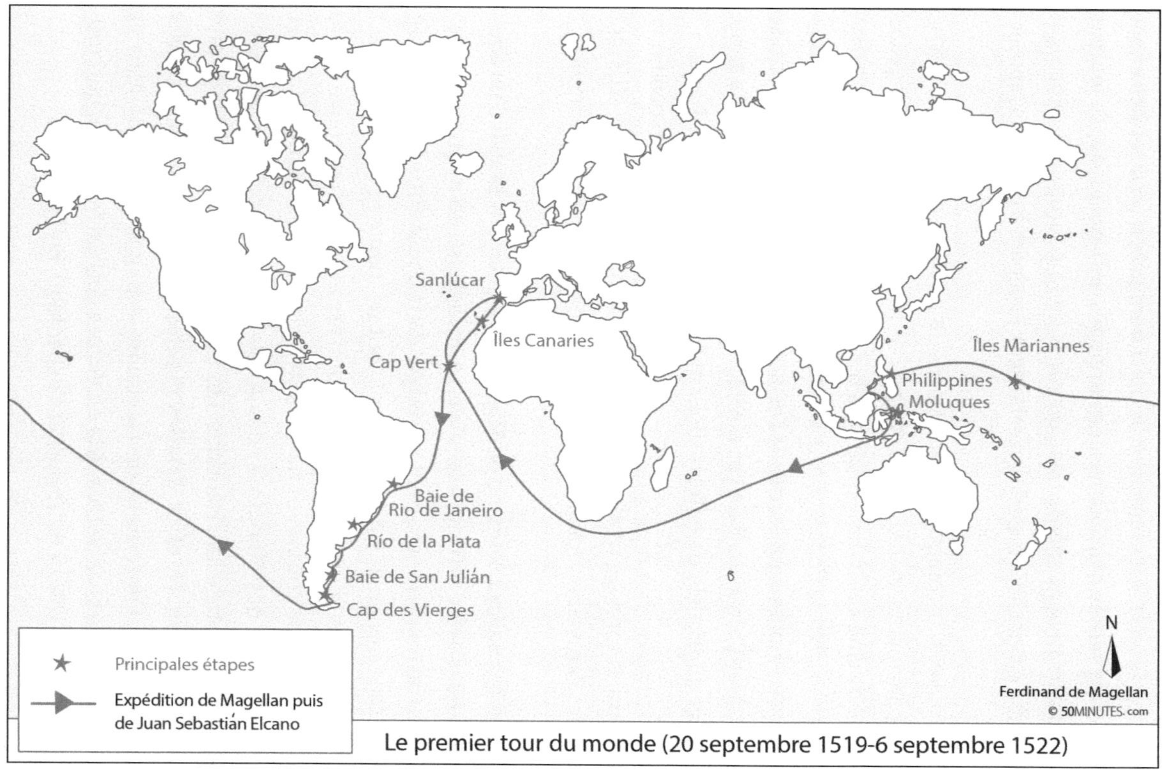

Le premier tour du monde (20 septembre 1519-6 septembre 1522)

LES PRÉPARATIFS

En acceptant le projet de Fernand de Magellan le 22 mars 1518, Charles Ier met à sa disposition les moyens nécessaires pour mener à bien son expédition. Neuf millions de maravédis sont alloués pour financer le voyage. Les préparatifs qui durent près d'un an et demi sont toutefois semés d'embûches. Les préjugés anti-portugais, la lenteur administrative et même des complots de la couronne du Portugal visant à empêcher l'expédition retardent le départ à plusieurs reprises.

Les moyens techniques dont dispose le navigateur sont de même peu concluants. Achetées au rabais par le roi, Fernand de Magellan hérite de cinq caraques espagnoles qui ont déjà bien vécu : le *Trinidad*, le *San Antonio*, le *Concepciõn*, le *Victoria* et le *Santiago*. Pendant de longs mois, l'occupation principale de l'explorateur se concentre sur la remise en état et l'armement de ces navires. La tâche est rendue plus ardue du fait du modèle de bateau choisi qui, s'il est idéal pour le transport des marchandises, se révèle peu pratique pour les longues expéditions. Son grand tonnage rend en effet le navire moins maniable et plus lent que les caravelles, qui ont fait le succès de nombreux explorateurs.

Outre des navires, Fernand de Magellan a également besoin d'un équipage qui s'avère difficile à trouver. Le voyage est, en effet, dangereux et peu de marins souhaitent s'engager dans une aventure qui pourrait être sans retour. 265 hommes sont tout de même recrutés. À défaut d'avoir pu réunir un nombre suffisant d'Espagnols, on retrouve à bord des marins de toutes les nationalités : des Portugais, des Français, des Italiens, des Flamands, des Anglais, des prisonniers et même l'esclave de Magellan, Henrique. Les Espagnols sont toutefois en plus grand nombre. En effet, Charles Ier veille tout de même à contrôler Magellan en l'entourant de capitaines espagnols tels que Juan de Cartagena, Gaspar de Quesada ou encore Luis De Mendoza, qui trouveront tous trois la mort durant l'expédition, en 1520.

Le 10 août 1519, élevé au rang d'amiral, Fernand de Magellan prend le commandement du *Trinidad*. Remplie des vivres nécessaires à plusieurs mois de navigation, mais aussi de biens tels que des miroirs, des mouchoirs ou encore des pièces de soie destinés à être marchandés, la flotte peut prendre le départ pour Sanlúcar.

À LA RECHERCHE D'UN PASSAGE

Une fois les dernières inspections terminées, c'est enfin le grand départ le 20 septembre 1519. Comme ses prédécesseurs qui quittent l'Europe pour l'Amérique, Fernand de Magellan se rend dans un premier temps aux Canaries puis au Cap-Vert. Il prend ensuite le large pour atteindre le Brésil. L'Atlantique réserve toutefois au navigateur ses premières difficultés. Bien que les traversées se multiplient, cet océan inspire toujours les plus grandes craintes aux marins. Si, dans un premier temps, les navires de Magellan sont prisonniers d'un calme plat qui les retarde de plusieurs jours, ce sont les tempêtes qui assaillent bientôt la flotte avec une rare violence, au point d'allumer des feux de Saint-Elme à la pointe des mâts.

LE FEU DE SAINT-ELME

Le feu de Saint-Elme est un phénomène météorologique qui se manifeste par des lueurs au niveau des mâts des navires. Il s'agit en fait d'une surcharge électrique s'évacuant dans l'air à la suite de violents orages. Les marins baptisent ce phénomène du nom de leur saint protecteur, saint Érasme (« Elme » étant la variante populaire). L'apparition de ces feux est alors considérée comme une intervention du saint pour protéger l'équipage des tempêtes.

Ces premiers contretemps engendrent la première rébellion du voyage. Après avoir mis en doute les capacités de Fernand de Magellan, Juan de Cartagena est mis au fer et destitué du commandement du *San Antonio*.

Cette traversée mouvementée se termine enfin le 13 décembre, lorsque la flotte entre dans la magnifique baie de Rio de Janeiro où elle peut se ravitailler en nourriture. Mais la halte est de courte durée et l'expédition vers le sud doit reprendre. Le 11 janvier 1520, les navires atteignent enfin la large embouchure du río de la Plata. Pour Fernand de Magellan, il s'agit là du passage tant désiré vers les Indes. Or, après presque un mois d'exploration, il s'avère qu'il n'en est rien. Les calculs de l'explorateur sont faux. Le passage doit donc se trouver plus au sud.

Poursuivant le voyage, Fernand de Magellan, découvre de nouvelles terres encore jamais aperçues. Il longe ce qu'il appelle la Patagonie dans des conditions climatiques de plus en plus désastreuses. Le 31 mars, la flotte découvre la baie de San Julián (Argentine). Mais dans l'hémisphère sud, c'est l'hiver qui commence. Fernand de Magellan est donc contraint de jeter l'ancre dans la baie pour hiverner, réduisant fortement les réserves de nourriture, alors que la pêche et la chasse ne sont pas toujours des plus fructueuses.

Le moral des marins est au plus bas. Les tensions sont telles que trois navires et leurs capitaines se mutinent contre l'explorateur. Ils n'ont qu'un seul souhait : rentrer en Espagne. La réaction est rapide et brutale. Fernand de Magellan envoie tout d'abord un petit groupe d'hommes sur le *Victoria* afin de mater la révolte. Ces derniers poignardent puis écartèlent le capitaine Luis de Mendoza et se réapproprient le navire. C'est ensuite au tour du *San Antonio*, qui avait été repris par Juan de Cartagena, et enfin au *Concepción* de Gaspar de Quesada de se rebeller. Pour montrer l'exemple, Fernand de Magellan fait décapiter ce dernier et décide d'abandonner à terre Juan de Cartagena.

Avec l'arrivée du mois de juillet, l'aventure peut recommencer. Magellan envoie le *Santiago* en reconnaissance vers le sud. Mais ce dernier s'échoue contre des rochers 150 kilomètres plus loin. La flotte ne compte donc plus que quatre navires. L'explorateur ne se décourage pas pour autant et, à la fin du mois d'août, les navires restants reprennent la mer.

LE DÉTROIT DE MAGELLAN ET L'INTERMINABLE PACIFIQUE

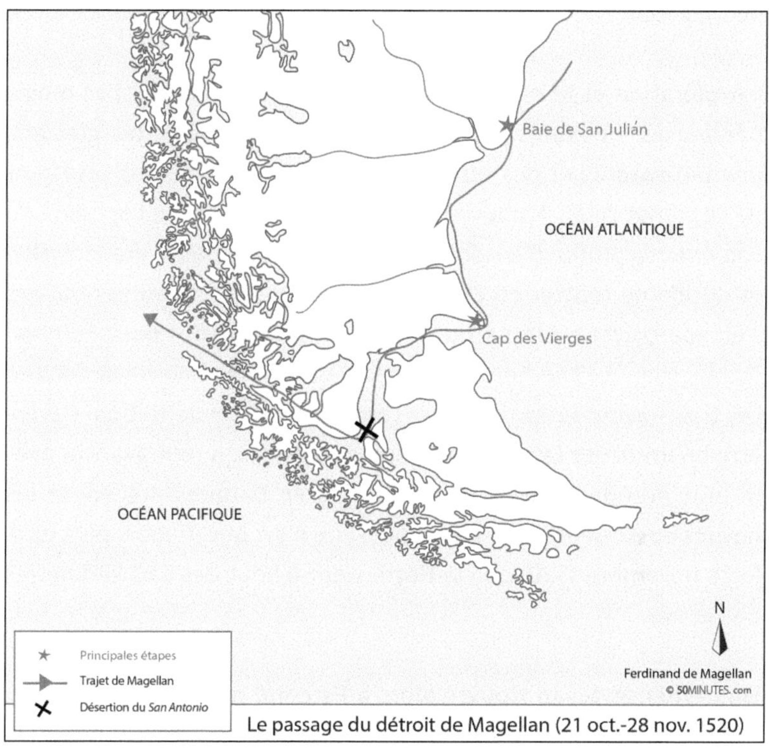

Le passage du détroit de Magellan (21 oct.-28 nov. 1520)

La flotte poursuit son exploration vers le sud. Chaque baie et chaque crique sont explorées. Enfin, le 21 octobre 1520, la flotte double un cap que Magellan surnommera par la suite le « cap des Vierges ». Au 52e parallèle, ce dernier laisse la place à un large détroit. Le *San Antonio* et le *Concepciõn* sont envoyés en reconnaissance dans cet environnement des plus hostiles. Les deux navires découvrent rapidement qu'il s'agit bel et bien du passage tant souhaité, l'eau étant salée et non douce comme dans l'embouchure d'un fleuve. Souhaitant prévenir le reste de la flotte, ils font demi-tour, mais sont pris cinq jours durant dans une tempête. Pour Fernand de Magellan, c'est l'angoisse. Lorsque les deux navires réapparaissent enfin, ils tirent des salves de canons : ils ont bel et bien trouvé le passage que l'on appelle aujourd'hui le détroit de Magellan.

L'exploration et la traversée du détroit n'en demeurent pas moins périlleuses. Entourés par les montagnes enneigées, les glaciers, une terre stérile et des vents parfois violents, les marins souffrent de ce climat rude. À nouveau, la mutinerie gronde. Le capitaine du *San Antonio* profite d'un éloignement de la flotte pour faire sécession et décide de rentrer en Espagne. Le temps que les autres navires s'en aperçoivent, il est trop tard. C'est un coup dur pour Fernand de Magellan. Le *San Antonio* détenait en effet la majorité des vivres. Les trois navires restants s'enfoncent alors dans le détroit qui s'avère être un immense labyrinthe rempli d'impasses. Il faut avancer avec la plus grande prudence. Des marins en barques précèdent les navires et sondent les fonds rocheux. Ce n'est que 37 jours plus tard, le 28 novembre 1520, que la flotte vient à bout des 550 kilomètres du détroit.

Un immense océan s'ouvre alors à Fernand de Magellan qui met le cap vers le nord-ouest. Devant le calme des eaux qui diffère tellement de l'Atlantique, le navigateur décide de nommer cet océan le Pacifique. Il ignore alors qu'il entame la plus épouvantable traversée de sa vie. Pour le navigateur, les îles aux épices ne sont qu'à trois jours. Or ses connaissances de la circonférence de la Terre sont fausses. L'océan Pacifique est bien plus grand que prévu. C'est un immense désert océanique sans fond où aucune escale n'est possible.

Comme on peut l'imaginer, les vivres commencent à manquer. Le chroniqueur du voyage, Antonio Pigafetta (1480-1534), raconte alors la détresse de l'équipage : « Nous ne mangions que du vieux biscuit tourné en poudre, tout plein de vers [...] Nous buvions une eau jaune infecte. Nous mangions les peaux de bœuf dont était garnie la grand-vergue [...] ainsi que des rats [...]. » (FAVIER (Jean), *Les grandes découvertes d'Alexandre à Magellan*, Paris, Fayard, 1991, p. 560). Pire encore, les marins tombent malades les uns après les autres. Le scorbut fait enfler les gencives et déchausse les dents. Des dizaines d'hommes meurent ainsi sur le Pacifique. La traversée est interminable, mais le 6 mars 1521 apparaît enfin un archipel. Ce sont l'île de Guam et les futures Mariannes. Dix jours plus tard, le 16 mars, la flotte atteint les Philippines.

LES PHILIPPINES : LA TRAGÉDIE DE MAGELLAN

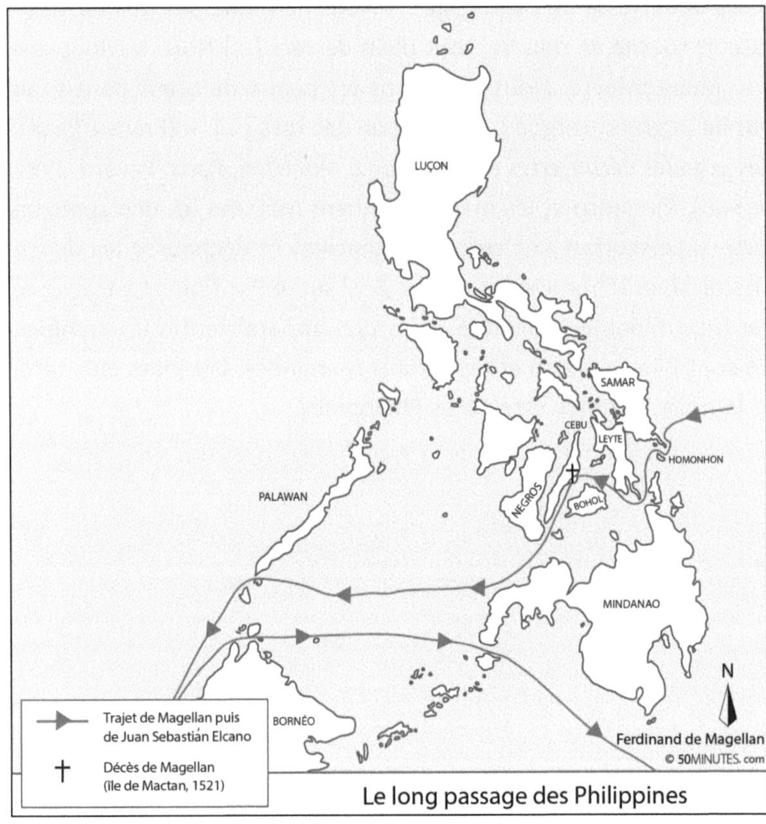

Le long passage des Philippines

En arrivant aux Philippines, Fernand de Magellan est persuadé d'avoir sauvé son équipage. Les Moluques ne sont plus qu'à quelques jours de navigation vers le sud. De plus, l'endroit est paradisiaque. La flotte peut enfin se ravitailler en poissons, en volailles, en fruits et, chose nouvelle, en noix de coco. Le temps de l'eau croupie et des rats semble révolu. Les indigènes qui peuplent les îles sont également des plus accueillants et l'esclave Henrique comprend leur langage, ce qui veut dire qu'il n'est sans doute plus très loin de son pays natal.

N'oubliant pas sa mission pour le roi d'Espagne, Fernand de Magellan prend possession des Philippines au nom de la couronne. Pour consolider la position de ce territoire dans l'empire, le navigateur procède à une conversion en masse des autochtones au christianisme. Des croix sont érigées et des centaines de gens baptisés. Le 14 avril, 500 hommes et 300 femmes reçoivent le sacrement du baptême. Ces conversions s'accompagnent d'un serment d'allégeance à l'Espagne. Ainsi, les différents seigneurs des îles jurent fidélité au roi Charles Ier, désormais appelé Charles Quint. Une fois ce serment accompli, ces peuples sont considérés comme des sujets de l'Espagne. Il appartient donc à Fernand de Magellan d'en garantir la stabilité. Toute rébellion contre un seigneur converti devient donc une rébellion contre le roi espagnol.

À la fin du mois d'avril, la flotte se trouve sur l'île de Cebu. Son chef, Calumbu, accueille chaleureusement les Espagnols, embrasse la religion catholique et prête serment. Pendant des jours, on fait la fête. Mais un jour, Calumbu, impressionné par l'armement des Blancs qu'il croit invincibles, explique à Magellan que sur l'île de Mactan, le vassal Silapulapu s'est rebellé et refuse de se soumettre. Fernand de Magellan ne peut l'accepter et envoie d'abord des émissaires pour le convaincre, en vain. Pour le navigateur, la guerre est déclarée.

Le 27 avril 1521, il débarque avec une cinquantaine d'hommes armés sur l'île de Mactan. Exhortant ces hommes, il atteint le premier village et l'incendie. En colère, les indigènes leur répondent par des salves de flèches empoisonnées. Les Espagnols sont vite surmenés et les munitions des arquebuses finissent par manquer. L'artillerie des navires est par ailleurs trop éloignée pour permettre un appui. Refoulés sur la plage, les Espagnols sont pris au piège. C'est alors que le destin de Fernand de Magellan bascule. Combattant de toutes ses forces, il est touché par une flèche à la jambe puis au bras. Enfin, il en reçoit une au visage et s'effondre dans l'eau, devenue rouge de son sang.

UN RETOUR CHAOTIQUE

La perte de leur amiral est un coup dur pour l'équipage, mais les ennuis ne s'arrêtent pas là. Constatant la vulnérabilité des Espagnols, le seigneur de Cebu entend bien en finir avec ces étrangers. Prétextant un banquet le 1er mai, il tend une embuscade à une vingtaine d'officiers espagnols. Sur les navires, on ne peut que constater la traîtrise des indigènes. En toute hâte, on ordonne de lever l'ancre. João Lopes Carvalho prend alors le commandement de l'expédition. Avec seulement 108 survivants, la flotte n'a plus assez d'hommes pour manœuvrer trois navires. Le plus endommagé, le *Concepciõn*, est alors abandonné et brûlé.

L'incompétence du nouveau commandant est manifeste. Il ne sait pas où se trouvent les Moluques. Pendant six mois, les deux navires restants passent d'île en île, jusqu'à la destitution de João Lopes Carvalho, qui est remplacé par Juan Sebastián Elcano (1476-1526).

Le 6 novembre 1521, l'expédition atteint enfin les Moluques. L'équipage fait alors le plein d'épices et se pose la question du chemin à prendre pour rentrer. Le *Trinidad*, fortement endommagé, préfère repartir par le Pacifique pour éviter les Portugais. Mais, après cinq semaines de navigation, le navire est contraint de retourner aux Moluques, car son état ne lui permet pas une telle traversée. En chemin, il tombe aux mains des Portugais et finit coulé.

Seul reste le *Victoria* de Juan Sebastián Elcano. Le 13 décembre 1521, le capitaine décide de partir avec ses 47 marins et ses 700 quintaux (environ 32 tonnes) de clous de girofle par l'ouest, en zone portugaise. Afin d'éviter les Portugais, il navigue plus au sud à travers l'océan Indien. Hélas, le calvaire recommence pour l'équipage : les maladies et la faim réapparaissent, et les morts s'accumulent.

Après avoir essuyé plusieurs tempêtes, le *Victoria* passe le cap de Bonne-Espérance le 18 mai 1522. Mais un dernier obstacle se dresse sur le chemin d'arrivée le 9 juillet : les îles du Cap-Vert, qui appartiennent aux Portugais. Juan Sebastián Elcano doit pourtant y faire escale, car le bateau n'a plus de vivres. Il repart en toute hâte avec seulement 18 rescapés.

Le 6 septembre 1522, trois ans après le départ, le *Victoria*, en piteux état, au même titre que son équipage, arrive enfin à Sanlúcar, achevant la première circumnavigation.

RÉPERCUSSIONS DE L'EXPÉDITION

LA TERRE EST RONDE !

En réussissant la première circumnavigation, Juan Sebastián Elcano se voit attribuer par Charles Quint des armoiries dans lesquelles on distingue un globe terrestre et la citation *Primus circumdedisti me* (« c'est toi qui, le premier, fis le tour de moi »). Sur le plan scientifique, l'expédition de Fernand de Magellan n'est pas à prendre à la légère. Elle a en effet donné la première preuve expérimentale de la sphéricité de la Terre.

Déjà à l'époque antique, de nombreux philosophes et mathématiciens, à l'instar d'Ératosthène (vers 284-vers 193 av. J.-C.) et de Ptolémée (100-vers 170), ont démontré que la Terre est un astre sphérique. Avec la chute de l'Empire romain d'Occident (476), ce savoir tombe dans l'oubli jusqu'à la chute de Constantinople en 1453, lorsque les savants byzantins en exil font redécouvrir à l'Occident les œuvres héritées de l'Antiquité. Durant le Moyen Âge, les partisans de la Terre ronde restent nombreux, mais ils ont aussi leurs détracteurs. Le voyage de Fernand de Magellan met fin une fois pour toutes au débat.

JEUDI OU MERCREDI ?

Outre la sphéricité de la Terre, l'expédition prouve également, sans le vouloir, sa rotation. En arrivant au Cap-Vert, Juan Sebastián Elcano fait une étonnante découverte. Les Portugais lui affirment qu'on est jeudi, alors que le capitaine est persuadé qu'on est mercredi. Chaque jour passé en mer a pourtant été scrupuleusement noté et plusieurs vérifications prouvent qu'il n'y a aucune erreur. Par conséquent, comment un jour a-t-il pu disparaître ?

Personne ne parvient pas vraiment à expliquer le phénomène en 1522. Mais aujourd'hui on comprend que l'expédition vient de prouver que la Terre tourne sur elle-même. En naviguant toujours vers l'ouest, la flotte a franchi les différents fuseaux horaires. En effet, à cause de la rotation de la Terre, 24 heures se sont écoulées en plus à leur point de départ sans que personne ne s'en soit rendu compte. Il faudra attendre quelques années pour que Nicolas Copernic (astronome polonais, 1473-1543) démontre que ce n'est pas le Soleil qui tourne autour de la Terre, mais bien le contraire. C'est alors la rotation de la planète qui expliquera les jours et les nuits.

UNE PLANÈTE GIGANTESQUE

Enfin, l'expédition de Fernand de Magellan remet en question tous les calculs sur la circonférence de la Terre. Jusqu'alors, il était communément admis que l'Amérique n'était qu'à quelques jours de navigation de l'Asie. Or la terrible expérience de Magellan dans le Pacifique a démontré que ce dernier était bien plus grand que prévu. Alors que beaucoup estiment la circonférence de la Terre à 30 000 kilomètres, elle est en fait de 40 000 kilomètres.

L'EMPIRE OÙ LE SOLEIL NE SE COUCHE JAMAIS

Outre les conséquences scientifiques, l'expédition de Fernand de Magellan a également des répercussions économiques et politiques. Bien qu'il n'y ait qu'un seul navire qui soit revenu du voyage avec des épices, les bénéfices sont réels, mais néanmoins bien maigres en comparaison du nombre d'hommes tués et de la perte de quatre navires. Toutefois, la compétition économique entre l'Espagne et le Portugal est relancée sur le marché des épices et les Moluques deviennent l'objet de toutes les convoitises.

Si en 1494 le traité de Tordesillas avait partagé l'Atlantique entre l'Espagne et le Portugal, personne ne savait exactement où cette ligne de démarcation réapparaissait en Extrême-Orient. Persuadé que les îles explorées par Magellan et ses hommes se trouvaient dans sa sphère d'influence, Charles Quint envoie de nouvelles expéditions par l'ouest en vue de coloniser le territoire. Il se heurte alors aux revendications portugaises qui estiment également être dans leur droit. Cette rivalité débouche sur un conflit diplomatique et armé de plusieurs années qui ne prend fin qu'avec le traité de Saragosse en 1529. Rédigé sous l'égide du pape Clément VII (1478-1534), ce traité établit la ligne de démarcation à 297,5 lieues à l'est des Moluques au profit du Portugal. En dédommagement, Charles Quint se voit recevoir la somme de 350 000 ducats qui lui permet de mener ses guerres en Europe contre la France. En outre, les Philippines restent espagnoles du fait de leur première découverte par Fernand de Magellan.

Avec l'ouverture de l'axe commercial Manille-Acapulco en 1565, l'Espagne dispose non seulement de l'or du Nouveau Monde, mais également des épices de l'Orient. Pour l'heure, en 1522, grâce au voyage de Fernand de Magellan mais aussi aux découvertes de Christophe Colomb et de ses successeurs, le soleil ne se couche désormais plus sur l'immense empire de Charles Quint.

EN RÉSUMÉ

1480	Naissance de Fernand de Magellan
12 oct. 1492	Découverte de l'Amérique par Christophe Colomb
7 juin 1494	Traité de Tordesillas
21 mai 1498	Vasco de Gama atteint l'Inde en contournant l'Afrique
20 sept. 1519	Départ de Magellan depuis Sanlúcar
21 oct. 1520	Passage du cap des Vierges ; exploration du détroit de Magellan
16 mars 1521	Arrivée aux Philippines
27 avril 1521	Décès de Magellan
1er mai 1521	Reprise du voyage sous les ordres de Juan Sebastián Elcano
6 nov. 1521	Arrivée aux Moluques
6 sept. 1522	Retour du *Victoria* à Sanlúcar

- Fernand de Magellan est né vers 1480 dans le Nord du Portugal. Il s'engage très tôt dans la marine et participe à la conquête portugaise de la route des épices. Connaissant la richesse en épices des îles Moluques, il formule l'idée de pouvoir les atteindre par l'ouest.

- Suite au refus du roi du Portugal Manuel Ier, Fernand de Magellan se rend en Espagne à la cour de Charles Ier. Ce dernier accepte le projet du navigateur en 1518.

- Après un an et demi de préparation, l'expédition quitte Sanlúcar le 20 septembre 1519 avec cinq navires : le *Trinidad*, le *San Antonio*, le *Concepciõn*, le *Victoria* et le *Santiago*. Avant de traverser l'Atlantique, la flotte passe par les Canaries et le Cap-Vert.
- La traversée de l'océan s'avère difficile. Un calme plat suivi de violentes tempêtes retardent de plusieurs jours l'expédition qui connaît en outre sa première rébellion. Le 13 décembre, la flotte arrive dans la baie de Rio de Janeiro.
- Le 11 janvier 1520, les navires atteignent l'embouchure du río de la Plata, où Magellan pense trouver le passage qui traverse l'Amérique. Il n'en est rien. Poursuivant vers le sud, Fernand de Magellan est contraint d'arrêter la flotte dans la baie de San Julian pour hiverner. Une deuxième rébellion est matée dans la violence.
- En juillet, le *Santiago* part en éclaireur, mais s'échoue. Le reste de la flotte repart fin août. Le 21 octobre 1520, il découvre le détroit de Magellan qui donne accès à un nouvel océan : l'océan Pacifique. Le *San Antonio* fait néanmoins sécession et retourne en Espagne.
- La traversée du Pacifique est interminable pour les marins. La famine et les maladies tuent plusieurs dizaines d'entre eux. Après trois mois de traversée, l'expédition atteint les Mariannes le 6 mars et le 16, les Philippines.
- Fernand de Magellan se retrouve alors impliqué dans des luttes indigènes locales. Souhaitant soumettre un seigneur indigène rebelle, il lance une attaque sur l'île de Mactan. C'est un échec pour les Espagnols. Le 27 avril 1521, le navigateur trouve la mort en combattant. Le *Concepciõn* est coulé par manque de marins.
- L'expédition se poursuit dès lors sans Fernand de Magellan. Elle finit par atteindre les Moluques le 6 novembre 1521. Chargés d'épices, les deux navires restants décident de se séparer. Le *Trinidad*, fortement endommagé, tombe dans les mains des Portugais qui le coulent.

- Le *Victoria* choisit de partir par l'ouest en pleine zone portugaise. Après une traversée difficile, le navire passe le cap de Bonne-Espérance le 18 mai 1522. Avec seulement 18 rescapés, le *Victoria* finit par atteindre l'Espagne le 6 septembre 1522 après trois ans de voyage. La première circumnavigation est enfin réalisée.

POUR ALLER PLUS LOIN

SOURCES BIBLIOGRAPHIQUES

- CHAUNU (Pierre), *Conquête et exploitation des nouveaux mondes*, Paris, PUF, 1969.
- « Christophe Colomb. Magellan et le tour du monde » in *Histoire universelle : L'ère des découvertes européennes*, t. 13, Paris, Hachette, 2006.
- FAVIER (Jean), *Les grandes découvertes d'Alexandre à Magellan*, Paris, Fayard, 1991.
- GRIAULE (Marcel), *Les grands explorateurs*, Paris, PUF, 1948.
- « Les découvertes géographiques des Portugais aux XVe et XVIe siècles » in *Histoire universelle : L'ère des découvertes européennes*, t. 13, Paris, Hachette, 2006.
- « Magellan ou l'exploit sans égal (1517-1522) » in PARIAS (Louis-Henri), *Histoire universelle des explorations*, t. 2, Paris, Nouvelle librairie de France, 1957.
- PIGAFETTA (Antonio), *Le voyage de Magellan. La relation d'Antonio Pigafetta et autre témoignages*, Paris, Chandeigne, 2007.
- ZWEIG (Stefan), *Magellan*, Paris, Grasset, 1938.

SOURCES COMPLÉMENTAIRES

- BERNAND (Carmen) et GRUZINSKI (Serge), *Histoire du Nouveau Monde. De la découverte à la conquête*, Paris, Fayard, 1991.
- BALES (Mitzi) et MIDEOT (Daniel), *Sur le chemin de l'aventure. Les explorateurs célèbres*, Glarus, Éditions Christophe Colomb, 1983.
- DENUCÉ (Jan), *Magellan. La question des Moluques et la première circumnavigation*, Bruxelles, Hayez, 1908-1911.
- « Magellan, Ferdinand » in HOWGEGO (Raymond John), *Encyclopedia of exploration to 1800*, Sidney, Hordern House, 2003.

LITTÉRATURE

- GIRARD (Patrick), *Fernand de Magellan. L'inventeur du monde*, 2012.

DOCUMENTAIRE

- *Voyage de découverte : le tour du monde de Magellan*, documentaires d'Anne Laking, Grande-Bretagne, 2006.

MUSÉE

- Musée Nao Victoria à Punta Arenas (Chili).

50MINUTES
Art
Business
Histoire

www.50minutes.com

Éditeur responsable : Lemaitre Publishing
Rue Lemaitre 6 | BE-5000 Namur
info@lemaitre-editions.com

ISBN ebook : 978-2-8062-5469-6
ISBN papier : 978-2-8062-5647-8
Dépôt légal : D/2014/12603/67
Photo de couverture : réputée libre de droits.

Conception numérique : Primento,
le partenaire numérique des éditeurs